AF199038

Von den Alpen bis zum Nordmeer

Harald Rösner

Herzlichen Dank meiner Frau Erika für wertvolle Anregungen und eine kritische Korrektur.

Ulrich Heermann danke ich für die Bereitstellung des Titelbildes.

1

Von den Alpen bis zum Nordmeer

Harald Rösner

.

Herstellung und Verlag:

BoD-Books on Demand, Norderstedt

ISBN: 9783740437238

Euro 4

Inhalt

Schneekanonen

Es waren einmal zehn Schneekanonen,
die beschlossen, ab sofort die Umwelt zu schonen.
Sie fuhren bergab in wildem Zorn
und nahmen statt der Piste Sankt Moritz aufs Korn.

Bars, Luxus, Limosinen versanken im Schnee,
als dieser mittags schmolz endstand ein See,
der nachts zu einem schmutzigen Eisblock erstarrte
und so im Winter noch vieleTage verharrte.

Als im Frühling Vögel begannen zu brüten,
die verschonten Skipisten mal wieder erblüten,
tanzten Schmetterlinge einen bunten Reigen,
um den Schneekanonen ihren Dank zu zeigen.

Der Pater und das Murmeltier

Es lebte einst ein Murmeltier,
d.h. nicht eins, sondern vier
auf einer Südtiroler Alm
und probten einen neuen Psalm.
Bis tief ins Tal frohlockten die Klänge,
es waren wunderbare Gesänge.

Dem Pater raubten sie die Ruh,
er zog sich an die Wanderschuh
und schlich in aller Herrgottsfrüh
den Berg hinauf mit Lust und Müh.

Als er das Gipfelkreuz erblickte,
er ein Stoßgebet zum Himmel schickte.

Das ließ die Murmeltiere verstummen,
stattdessen erklang ein melodisches Summen
einer Sennerin im Morgenrot
und brachte unseren Pater in arge Not.

Nach kurzer Prüfung kam er
wie immer zum Schluß,
daß er der Not gehorchen muß.

Die Sennerin, fromm und brav,
streichelte noch mal ihr Schaf,
dann wendete sie sich zum Talar,
so wie es seit ewigen Zeiten war.

Enzian

Wo einst das Eis den Berg versiegelt,
die heiße Sonne sich jetzt spiegelt.

Das Eis begann darauf zu weinen,
Tropfen um Tropfen sich zu vereinen
zu Rinnsalen, Bächen, Wasserfällen,
es sprudelte aus allen Quellen.

Die Flut ergoß sich in das Tal
und spülte zum wiederholten Mal
Schlamm, Holz, Geröll durch Hof und Garten.

Wie lange wollen wir noch warten

um zu erkennen, daß wir Menschen es sind,

die nach wie vor, durch Wohlstand blind,

die Atmosphäre manipulieren

und in Kauf nehmen, daß unsere Enkel verlieren,

was über Jahrtausende die Natur uns gegeben:

Die Chance für ein menschenwürdiges Leben.

Gelänge es endlich umzusetzen,

einen nachhaltigen Klimaschutz-Plan,

blüht auf der Alm vielleicht wieder ein Enzian.

Der Alpenbock

Ein Alpenbock sah in der Ferne,
wen er immer schon mal gerne
einfach nebenher vernascht.

Als seine Alpenböckin dieses blickte,
sie ihm eine WhatsApp schickte:

„Willst du an Blutvergiftung sterben,
so spring zu ihr in dein Verderben."

Doch willst du weiterhin in Frieden speisen,
so bleib hier und gehe nicht auf Reisen,
die mit zweifelhaftem Abenteuer locken,
sondern genieße dein Zuhause und bleib hocken.

Echo

Wer sein eigenes Echo nie vernommen,
hat offenbar nie einen Berg erklommen.

Vielleicht sollte man ihn animieren,
das Echo einmal zu probieren.

Er wird dann endlich selbst erfahren,
was er so verzapft seit vielen Jahren,
hinausposaunt ohne Respekt
und wieso er ständig angeeckt.

Vielleicht könnte das Echo
seine Gehirnströme lenken,
um vor jedem Ausspruch erstmal zu denken.

Der Einöd

Einem Einöd, weit droben, kam die Schnapsidee:
„Fortan trinke ich Himbeergeist statt grünen Tee".

Sein Gehirn frohlockte danach eine Weile,
zerfiel aber allmählich in zwei Teile.
Das führte dann nach kurzer Zeit
zur Spaltung seiner Persönlichkeit.

Dem Körper erging es daraufhin beschissen,
er wurde regelrecht psychisch zerrissen.

Am Ende gab's auch keine Trauerfeier
sondern einen Leichenschmaus für die Alpengeier.

Alpenrosen

Wenn die Alpenrosen blühn,
und uns die Alm mit hellem Grün
im Glanz des Sonnenlichts berührt,
haben wir in uns gespürt,
dass wir weder mit Verstand noch mit Sinnen,
der Mutter Natur können entrinnen.

Wir sollten wie die Rosen im Sonnenschein
als Teil des Lebendigen dankbar sein.

Der Steinadler

Ein Steinadler, hoch hinaus vom Wind getragen,
segelte einsam seit vielen Tagen,
um zu erspähen eine Adlerin,
zunehmend spürte, es macht keinen Sinn.

Er beschloß die Alpen zu verlassen,
flog nach Wien , um sich dort niederzulassen.
Als Domizil wählte er den Zoologischen Garten
in der Hoffnung, dort würde eine Liebste warten.

Doch das funktionierte im Öschi-Land nicht.
Man führte ihn vor das Kaiserliche Gericht,
wo er begnadigt wurde, um ab sofort und hier
zu dienen als Habsburger Wappentier.

Das Alphorn

Wenn das Alphorn ergießt seinen Sound ins Tal,
und das Echo mitschwingt zum wiederholten Mal,
verkündet diese altbekannte Intonation:
Es ist wieder Zeit für Tradition.

Im Trachtenlook, gestriegelt und frisiert
wird gegenseitig animiert.
Man holt die Intrumente aus dem Schrank,
verdrängt ist erst einmal Streit und Zank.
Man bläst ins Horn, bemüht die Posaune
und demonstriert nur gute Laune.

Das Bier fließt ab sofort in Strömen,
ans Schuhplatteln muß man sich gewöhnen.
Semmelknödel überall,
Weißwürste im freien Fall.
Hochwürden lockert den Talar,
der ihm zu stramm geworden war.

Der Schultes schwätzt mit jedem per du,
doch es hört ihm keiner mehr zu.
Der Feuerwehrmann beweist Talent,
löscht gründlich seine Kehle,
weil sie ständig brennt.
Der Großbauer die Magd betätschelt,
die Bäuerin den Knecht verhätschelt.
Im Bierkrug verschwindet ein Zitronenfalter,
unterm Dirndel verruscht der Büstenhalter

Aus der Posaune ertönt ein schräger Ton,
nein halt, das war wohl ein Smartphone,
denn für alle Jungen unter zwanzig
ist die Party schon längst ranzig,
äußerlich fesch und adrett
spielen sie ausnahmslos im Internet.

So rauscht das Fest der Nacht entgegen,
jetzt gib`s noch schnell den Tagessegen.
Dann schwankt man Arm in Arm nach Haus,
das Alphorn bläst, das Fest ist aus.

Schweinshaxen

Zwei Schweinshaxen lebten in wilder Ehe,
das hatte Folgen, mein Gott, oh wehe.

Sie wurden ohne Gnade exkommuniziert
und eingepökelt konserviert.

Nach zwei Jahren kam endgültig das Aus
bei einem Staatsempfang im Hofbräuhaus.

Schmetterlinge

Ein Bläuling und ein Admiral
flatterten aus dem Süden ins Tannheimer Tal.

Sie entdeckten eine bunte Wiese
und entschieden sich sofort für diese.

Tierschützer, die sich dort versteckt,
haben die Falter sogleich entdeckt.

Um sie vor dem Aussterben zu bewahren,
probierten sie ein Spezialverfahren.
Dazu mußten sie die Falter narkotisieren,
um sie in ein Genlabor zu überführen.
Leider haben sie den Bläuling überdosiert,
er färbte sich grün und wurde liquidiert.

So blieb für die Nachwelt nur der Admiral,
was Hoffnung schürte und zunächst nicht fatal.

Da er Chef einer Flotte, hatte man schnell erkannt,
die Lösung ist, er schickt seine Matrosen an Land.
Seitdem flatterten unzählige kleine Admirale umher
und verdrängten die übrigen Falter immermehr.

Es hilft aber nicht, wenn man nur auf eine Art setzt,
denn die Ökosysteme sind viel zu sehr vernetzt.

Erst wenn wir aufhören, an der Natur zu drehen,
wird vielleicht wieder biologische Vielfalt entstehen,
ganz von selbst ohne Manipulation,
so wie seit Urzeiten durch Evolution.

.

Wenn die Apfelbäume weinen

Wenn die Bienen nicht mehr summen,
und auch die Hummeln gar verstummen,
erklingt von Ferne seltsam leise
eine wehmütige Weise.
Es sind Apfelbäume, die weinend klagen,
so als wollten sie verzweifelt fragen:
Liebe Sonne, was soll all dein Bemühen,
wozu lässt du uns so prächtig blühen,
was hilft der betörende Duft,
mit dem wir versüßen die Luft,
wenn er über Hänge und Wiesen entweicht
und nirgendwo Insekten erreicht?
Liebe Sonne, falls der Mensch dahintersteckt,
bestrafe ihn mit Hitze bis er nahezu verreckt.
Vielleicht wird er sich noch einmal besinnen,
bevor zuviele Jahre verrinnen.
Hört er endlich auf, mit Gift zu manipulieren,
kann die Natur vielleicht noch mal regenerieren.

Digitalis grandiflora

Es war einmal ein Fingerhut,
dem ging es eigentlich ganz gut.
Doch plötzlich schlugen seine Blüten Alarm,
denn es wurde ihnen viel zu warm.

Er beschloss nicht länger oben zu bleiben,
sondern Ausläufer in die Tiefe zu treiben.
Diese fanden dort zunächst genügend Nahrung,
machten dann aber eine schlimme Erfahrung.
Statt Stickstoff, Eisen und Phosphat
gab es fast nur noch Glyphosat.
Sie beschlossen zurück zur Sonne zu ziehen,
um endlich wieder einmal aufzublühen.
Als die ersten Sprösslinge kamen ans Licht,
ging es nicht mehr weiter, alles war dicht.
Genmais besetzte wie eine Armee
das Tal von der Baumgrenze
bis hinunter zum See.

Die Fingerhutsprossen erkannten daraufhin,
hier Blüten zu treiben, macht keinen Sinn.

Als die ersten begannen ein Klagelied zu singen,
riefen andere, "lasst uns in den Mais eindringen".
In den Leitbündeln hat es genügend Saft,
und der gibt uns dann die nötige Kraft,
um auch in den Blüten und Kolben zu leben,
bequem, verborgen, als Parasiten eben.

Gesagt, getan, bald war es soweit,
überall Fingerhut-Mais säuberlich aufgereiht.
Die Körner reiften, als wäre nichts geschehen,
vom Fingerhut war ja nichts zu sehen.

Als man ein verendetes Wildschwein fand,
erregte das zunächst niemanden im Land.
Erst als viele Hühner, eigentlich kerngesund,
plötzlich starben ohne ersichtlichen Grund,
und etwas eintraf, was nie vorher akut,
nämlich immer mehr Fälle von vergiftetem Blut,
und zudem die Herzinfarkt- Quote zunahm,
schlugen Ärzte und Ämter Alarm.

Fieberhaft wurde nach der Ursache gesucht,
bei falschen Aposteln manche Therapie gebucht,
doch niemand erkannte ‚was dahinter steckt,
dass so viele Tiere und Menschen verreckt.

Es blieb ein Geheimnis, heimtückisch, perfide:

Gen-Mais als Vehikel für Digitalis Glykoside

Eine Schneeflocke wandert aus

Eine Schneeflocke
segelte durch die Schweiz bei Nacht,
und reihte sich ein in die weiße Pracht.
Im Frühling, mit ansteigender Temperatur,
verlor sie ihre Kristallstruktur.

Als Wassertropfen
versuchte sie sich durchzuschlagen,
erkannte aber, nur vereint kann ich was wagen.
Sie lud zu einer Sitzung in Bern,
und Wassertropfen kamen aus nah und fern.
Sie beschlossen auszureisen über den Rhein,
denn allen war die Schweiz irgendwie zu klein.

Bei Schaffhausen hatten sie ein erstes Problem,
die Fließrichtung
war plötzlich nicht mehr zu sehen.

Sie stürzten hinab im freien Fall,
es schäumte und spritzte allüberall.
Manche wirbelten ohnmächtig umher
und fanden danach ihre Kollegen nicht mehr.

Die anderen blieben zusammen, flossen weiter
und wurden allmählich wieder heiter.
Bis Basel war die Reise nicht mehr riskant,
dort wurde es mit Badenixen sogar interessant.

Nach der Grenze wollten sie richtig loslegen,
doch die Großchemie hatte etwas dagegen.
Erst unterschwellig, dann mit Wucht,
war ihre Oberflächenspannung plötzlich verpufft.
Es waren Weichmacher, winzig klein
und deshalb ja auch so gemein.

Einige Wassertropfen wichen zum Ufer aus,
doch für sie kam dort endgültig das Aus.
Eingesaugt in gierige Schlunde
gingen sie in der Chemie-Wüste zugrunde.

Die meisten konnten jedoch
dem Chaos entweichen
und unversehrt Freiburg erreichen.

Weiter abwärts am Kaiserstuhl vorbei,
schwammen sie sich endlich frei.
Das Straßburger Münster in der Abendsonne,
man ließ sich treiben, es war eine Wonne.

Doch plötzlich wurde ihnen richtig warm,
die ersten schlugen sofort Alarm.
Die Wärme stammte nicht von der Sonne
und nicht aus einer Biotonne,
sie kam auch nicht von einem Traktor,
sondern aus einem Atomreaktor
infolge Umwandlung von Materie in Energie,
das gab es vorher so auf der Erde noch nie
- also genau umgekehrt wie beim Urknall,
als Materie entstand durch Energiezerfall -.
Dass dies möglich, hatte ja Einstein erkannt,
als er mit $E=mc^2$ den Zusammenhang fand.

Zudem floss Kühlwasser überall herum
und führte zur Bildung von Tritium.
Es werden noch viele Jahre vergehen,
bis es wieder zerfallen,
als wäre nichts geschehen.
Außerdem sind da noch die radioaktiven Stäbe,
und man tut so, als wenn es sie nicht gäbe.
Bisher ist noch kein Endlager in Sicht,
wer nimmt wen in die Pflicht?
Wird es überhaupt eine Lösung geben,
wie kann man mit dem Atommüll überleben?

Unsere Wassertropfen, inzwischen dezimiert,
hat das natürlich kaum interessiert.

Auch Ludwigshafen konnte sie nicht schrecken,
denn jetzt hieß es Heidelberg entdecken.
Deshalb willigten sie auch sofort ein,
als viele neue Mtglieder drängten in den Verein
als Wassertropfen aus dem Schwabenland,
denen Heidelberg natürlich bekannt.

Weiter abwärts stießen sie dann auf den Main,
auch der wollte unbedingt in den Rhein.
Als Gastgeschenk pflegte er eine Tradition,
wie seit Urzeiten die Römer schon:
Wein, Wein all überall Wein,
ist es deshalb so schön am Rhein?

War es im Rheingau
noch gemütlich mit Wein, Inseln und Strand,
wurde es abwärts gefährlich interessant.
Nur, wer sich nicht betören ließ von der Loreley,
kam glimpflich an Felsen und Untiefen vorbei.

Ab Koblenz wurde es dann international,
französische Tropfen
versuchten zum wiederholten mal,
über die Mosel den Rhein zu annektieren,
konnten gegen die Schwäbisch-Schweizer
Garde aber nur verlieren.

In Köln war alles bisherige egal,
denn hier regierte der Karneval.
Drei Tage fühlten sich unsere Tropfen sauwohl,
aber nur scheinbar, es lag am Alkohol.

Als dieser wieder allmählich verflog,
spürten sie einen mächtigen Sog
und landeten mit Kölsch, Urin und Wein
endlich wieder im Vater Rhein.

Weiter stromabwärts ging die Reise,
jeder ruhte sich aus auf seine Weise,
manche ließen sich einfach treiben,
andere zogen es vor, nah am Ufer zu bleiben,
bis sie sich alle wieder trafen
mitten im Duisburger Hafen.
Schleppkähne, Kohle, Gas, Stahlindustrie,
Container, Krähne, Raffinerie
stimmten sie überhaupt nicht heiter,
alle waren sich einig, bloß schnell weiter.

Gen Westen wendete sich nun der Strom,

was schon Strategen bekannt im antiken Rom,

als Legionen unterwegs mit wehenden Fahnen,

um Gallier zu ärgern und auch die Germanen.

Xanthen war für die Römer einen Meilenstein

mit Kastell und Theater linksseitig vom Rhein.

Hier wollten unsere Tropfen gerne bleiben

und ließen sich ans Ufer treiben.

Erst in der Finsternis der Nacht

kehrten sie zurück in die strömende Fracht,

um ohne Ausweis und Zollgebühren

die Grenze nach Holland zu passieren.

Hier waren Ackerbau und Viehzucht angesagt,

obwohl das Land unter dem Meeresspiegel lag.

Tulpen durften kurz mal blühen,

um Zwiebeln für Großmärkte aufzuziehen,

stand der Mais nicht kräftig und akkurat,

wurde er gepuscht mit Glyphosat.

Viele Stunden vergingen,
die Tropfen sehnten sich so sehr,
wann endlich kommt denn nun das Meer?

Es kam, doch um es erreichen,
galt es noch
gefährlichen Attacken auszuweichen.

Im Hafen von Rotterdam ging es hoch her,
Schiffe kamen vom Rhein und vom Meer,
am Ufer verschwand Wasser zum Kühlen,
um Tanks wieder sauber zu spülen.
Da Öl und Wasser sich meiden,
hatten unsere Tropfen ständig zu leiden.
Erst mit dem Anstieg von Natriumchlorid
wurden sie allmählich wieder fit.

Jetzt konnten sie jubeln und tanzten umher,
sie hatten es geschafft, sie waren am Meer.

Am Horizont lockte eine Insel linker Hand,
mit einem weißen Felsenstrand.
Aber urplötzlich spürten sie Brexitfieber
und beschlossen, das lassen wir lieber.

Sie wollten im Kanal ohnehin nicht bleiben,
und ließen sich in die offene Nordsee treiben.
Entlang der Friesischen Inseln
durch die sandigen Weiten
mit Abstechern ins Wattenmeer
im Rhythmus der Gezeiten
drangen sie immer weiter Richtung Osten vor,
wobei mancher bei Sturmflut
den Anschluß verlor.

In der Elbmündung roch es nach Lebertran,
das kam aber nicht von der Reeperbahn,
auch nicht aus der Elbphilharmonie,
sondern wie immer von der Chemie-Industrie.

Nach Norden gab´s durch die Elbe einen Schub,
danach schrumpfte deutlich der Tidenhub.
Auf Westerland lagen, meistens zu zweit,
Touristen wie die Seehunde aufgereiht,
um mit entblößter Haut und überlasteten Nieren
Parfüm und Ethanol zu evaporieren.

Als die Tropfen
kamen auf die Höhe von Skagen,
versuchten es einige zu wagen,
aus der Nordroute kurz mal auszuscheren,
um die Ostsee mit einem Besuch zu beehren.
Dabei stürzten sie ab, bis 400 m tief
und merkten zu spät, da ging etwas schief.

Die meisten aber verließen den Golfstrom nicht,
und bald schon war Norwegen in Sicht.
Weiter entlang der Küste Richtung Nordmeer
gab´s für die Wassertropfen kein Halten mehr.

Spitzbergen vor Augen noch frohgemut
ging es danach vielen nicht mehr so gut.
Der Schnee erinnerte sie an
ihre Kindheit auf dem Gletscher,
und alle wollten heraus
aus dem Wassergeplätscher.
Sie entschieden sich, ob es richtig wer weiß,
wir müssen wieder zurück ins Eis.
Gesagt getan, man ließ sich gefrieren
um als Eisschollen zu flanieren.

So trieben sie glückseelig im Polarlicht umher,
doch irgendetwas stimmte nicht mehr.
Die Sonne hatte zwar noch ihren Charme,
aber eigentlich war sie viel zu warm.
Die Globale Erwärmung
schlug erbarmungslos zu,
und vorbei war es mit der arktischen Ruh.

Das Eis schmolz zu einer Flutwelle
von ungeheurer Gewalt.
Die machte dann vor Nichts mehr Halt.

Sie flutete alles vom Nordcap bis Bern,
da half auch keine Urknallforschung in Cern.

Eine Schlammlawine ertränkte die Schweiz,
Großglockner und Banken verloren ihren Reiz.
Fränkli und Bitcoins schwammen wild umher
und interessierten niemanden mehr.
Man beschuldigte sich gegenseitig voller Zorn
und Heidi flüchtete aufs Matterhorn.

Unsere Schneeflocke wurde nie mehr gesehen,
bis eines Tages ein Wunder geschehen,
und sie als Träne in einer hellen Mondnacht
die Wange eines Kindes kühlte, ganz sacht.

Wattenmeer

Ob groß, ob klein, ob arm, ob reich
mit Schlick bedeckt sind alle gleich.

Wie kommt es, dass immer bei Nipptide
mein Schatz ist so gnadenlos frigide?

Es tut doch immer wieder gut,
wenn nach der Ebbe kommt die Flut.

Wenn die Gezeiten stink normal
ist es einem ganz egal.
Wenn rau und grantig die Gezeiten,
fangen die Menschen an zu streiten.
Sobald die Gezeiten wieder gewöhnlich
sind auch die Menschen wieder versöhnlich.
Wenn die Gezeiten mal stimmig sind,
entsteht vielleicht ein neues Kind.

Ein Seehund voller Tatendrang
lag angespannt auf seiner Bank,
die runden Augen soweit es geht
in Richtung Nachbarin verdreht,
macht jedes Mal nur die Erfahrung,
heut wird es wieder nichts mit Paarung.
Stattdessen wird er nur verbissen
und fühlt sich rundherum beschissen.

Ein Wattwurm hässlich, alt und fett
kaufte sich im Internet
ein Weibchen aus Malaysia.
Bei der ersten Begegnung im Watt
machte sie ihn platt.

Bledius

Bledius wurde er genannt,
war angesehen und wattbekannt,
bis eines Tages Laufkäfer aus Hessen
als Touristen kamen und wollten ihn fressen.

Da versammelten sich zwischen den Tiden
alle Carolinensieler Blediiden
und ersannen eine Strategie,
um zu vernichten das feindliche Vieh.
Sie gruben Gänge durch den Deich
weit verzweigt und kurvenreich
und verknüpften so das Süßwassersiel
mit der salzigen Brühe im Priel.

Der Plan schien allen supergenial.

Jetzt fehlte nur noch ein Signal,

um die Hessen in die Gänge zu locken,

was nur ging wenn dieselben trocken.

Sie verwendeten dafür Puppenattrappen,

chemisch trapiert als getränkte Lappen,

und stopften diese in die Gänge

auf 7 Kilometern Länge

zwischen Harle- und Neuharlingersiel

auf der Linie NN nahe dem Priel.

Dann krabbelten alle auf ein Windrad im Groden,

da die Aussicht von dort besser als am Boden,

um anzusehen wie die Käfer aus Hessen

chemo-vernebelt, instinktiv besessen

bei Ebbe in die Gänge krochen,

denn schließlich hatten sie Puppen gerochen.

Tatsächlich erreichten sie auch ihr Ziel,
die getränkten Lappen weit draußen am Priel.
Sie waren verwirrt, vergaßen die Zeit,
der Weg zurück unendlich weit.
So kam es, wie vorauszusehen,
beim Heimweg hatten sie ein Problem.
Sie rannten wild in den Gängen umher
und erreichten den Deich nicht mehr.
Nach einer Weile verließ sie der Mut,
den Rest der Tragödie besorgte die Flut.

Die Blediiden frohlockten indessen,
jetzt konnten sie mal ihre Prädatoren fressen.
Drei Tage dauerte der Leichenschmaus,
dann begab sich ein jeder in sein Haus.

Seitdem leben die Bledis in Frieden,
da sie von Laufkäfern fortan gemieden.

Krabben

Krabben im Harlesieler Watt
waren es nun endlich satt,
sich für Touristen kochen zu lassen,
sie selektierten besondere Rassen.

Diese konnten eine Substanz synthetisieren,
die bei 70 C° wird explodieren.
Einige speicherten diese in ihren Antennen
und gingen als freiwillige Opfer ins Rennen.

Die Fischer merkten nichts,
sprachen nach wie vor platt
und fuhren wie immer mit Touristen ins Watt.

Als der Kessel kochte
um den Fang zu erhitzen,
sah man die Kameras noch einmal blitzen.

Dann tat es einen peitschenden Knall,
heißes Meerwasser lief wie ein Wasserfall
schäumend vom Bug bis über das Heck
und spülte alle Krabben und Touristen weg.

Danach stand der Kaptain in der Kajüte allein,
dachte so was aber auch
und trank ein Glas Wein.

Ostfriesen

Als Friedrich der Große kam auf die Idee,
auch Ostfriesen müssen in die Armee,
beschloss der Häuptlinge Rat
für alle Jungs ab 16 ein Diktat:
Rote Beete wird vom Speiseplan gestrichen,
dafür gibt es grünen Meersalat zu allen Fschen.

Als dann der Einsatz drohte,
sortierte man Grüne und Rote.
Die Grünen durften pausieren,
die Roten mussten marschieren,
wodurch wieder mal bewiesen,
wie clever manchmal die Ostfriesen.
Sie speichern einfach Chlorophyll
und tarnen sich als grüner Müll,
der für die Politik ein Randproblem
und damit für alle nur angenehm.

Ein sibirischer Roter Milan

Ein sibirischer Roter Milan
aus einem alten russischen Clan
flog unbemerkt von Ornithologen
mehr zufällig einen europäischen Bogen
von Petersburg über Cuxhaven nach Rom
und übernachtete auf dem Petersdom.

Am anderen Morgen saß neben ihm
ein schwarzer Brudervogel Namens Ismaim.
Der bot sich an, mit ihm sein Lager zu teilen,
man könne ja in Rom noch verweilen.
Doch dazu hatte unser Held keine Lust,
natürlich erzeugte dies bei Ismaim Frust.

Und die Moral von der Geschicht?
Schließlich muss ein sibirischer Roter Milan
nicht Glückseligkeit stiften im Vatikan.

Der Austernfischer

Einen Austernfischer auf Spiekeroog
es plötzlich in den Süden zog.
Er flog mutterseelenallein
von der Insel bis nach Bietigheim.

Dort suchte er nach Wattwürmern - vergebens -,
es war die schwerste Zeit seines Lebens.

Dann probierte er Spätzle als Wurmersatz
und schickte eine SMS an seinen Schatz:
„ Liebling, das Watt ist abgehakt,
hier im Süden gibt es Würmer im Supermarkt.
Ich bleibe hier, und du musst dich entscheiden,
bitte folge, oder es wird nichts aus uns beiden".

Darauf die Austernfischerin:

„Armer Tropf, das macht doch keinen Sinn,

glaubst du, du findest dort ein Weib,

wenn ja, allenfalls zum Zeitvertreib,

und außerdem hab ich nicht Lust,

zu teilen deinen Würmerfrust.

Auch diese Spätzle als Wurmersatz

sind letzten Endes für die Katz,

denn was ohne Meersalz, Jod und Blut

zwar sättigt, aber sonst nichts tut,

macht nur steril, kraftlos und dumm,

ist mir zu wenig – nein, sei`s drum."

Graugänse

Graugänse zogen durch die Nacht
mit GPS auf der A8.
Dort verweilten sie etliche Stunden
und haben sich krampfhaft gewunden,
weil rechts und links der Autobahn
im Dieselstaub - ein purer Wahn -
Salat und Spitzkohl üppig gedeihen,
mit dem Segen des Landes
 und noch höheren Weihen
und die Flugschneise so hübsch verzieren,
dass sie es nicht wagten,
die grüne Pracht zu probieren.

So zogen sie der Sonne entgegen immer weiter,

hungrig und gar nicht mehr so heiter,

bis auf die Alb zu einem „Bio-Macker"

und fraßen kurz und klein seinen Dinkelacker.

Natürlich war dies - grün gesehen -

höchst ärgerlich mit anzusehen.

Doch kann man es den Gänsen verübeln,

dass sie mit Instinkt und ohne zu grübeln

klar erkannt, dass Filderkraut,

Kerosin-berieselt angebaut,

trotz Kohldampf und Hunger leiden

ist bitte tunlichst zu vermeiden.

Plastikbecher

Ein Plastikbecher, glänzend schön,
war für Biojoghurt vorgesehen.
Als er gefüllt bis an den Rand
tanzte er aus der Reihe und stürzte vom Band.

Sein Inhalt verschwand in einem Abwasserkanal,
für ihn selbst wurde es nun richtig fatal.

Ohne jemals erblickt die strahlende Sonne
landete er direkt in der Gelben Tonne.

Dort versank er in einem Chaos aus Plastikmüll
von Tüten, Flaschen, Trinkhalmen und Tüll.

Statt zum Recyclen auf ein Förderband
verfrachtete man ihn in ein fernes Land.

Er landete auf einem Müllberg
statt in der Tonne,
und genoß zum ersten Mal die wärmende Sonne.

Doch bald schon war es mit der Ruhe vorbei,
er wurde getreten, geschüttelt und brach entzwei.
Man schob ihn noch eine Weile hin und her,
und schließlich landete er im Meer.

Dort treibt er nun in den unendlichen Weiten
zwischen Strand und Ozean
im Strom der Gezeiten.
Er ist jetzt Soldat einer riesigen Plastikarmee,
die alles verwüstet, Strände, Riffe, Tiefsee.

Muscheln, Krebse, Tintenfische total verstört,
hatten die künstliche Nahrung nie vorher verzehrt.
Ihre Gedärme begannen zu leiden,
denn sie konnten zwischen Bio und Plastik
kaum unterscheiden.

Auch die Fische auf unserem Speiseteller
erscheinen um die Bauchhöhle neuerdings heller.
Lassen sie sich auch nicht mehr gut schneiden,
 hilft nur eines, Seafood zu meiden.

Die Frage ist, was soll geschehen,
es kann doch nicht immer so weitergehen?

Einige meinen: Wir brauchen nur Geduld,
bis von selbst bio-recycelt der künstliche Kult.
Weit gefehlt,
denn als in der Evolution das Leben entstanden,
waren ja Kunststoffe noch gar nicht vorhanden.
Also entwickelte sich keine natürliche Strategie,
etwa eine bakterielle Therapie,
Plastik in den Biokreislauf zurückzuführen,
wir könnten es jetzt allenfalls
mit Gentechnik probieren.

Vielleicht werden neue Mikroben
die Zersetzung erlernen,
was aber nicht hilft, Plastik aus dem Meer
 zu entfernen.

Hinzu kommt, dass Kunststoff zerbröselt
zu kleinen Teilchen,
welche noch sichtbar und greifbar ein Weilchen,
dann aber zu winzigen Partikeln schwinden,
die sich in allen Lebewesen wiederfinden.

Diese Nanos sind inzwischen so klein,
dass sie Wege finden bis in die Zellen hinein.

Bei uns wird wohl zunächst
die Leber überschwemmt,
dann verteilen sich die Nanos weiter ungehemmt.

Passieren sie auch die Schranke zum Gehirn,
dringen sie vor bis zum Neocortex unter der Stirn.

Manipulieren sie dann unsere Persönlichkeit,
beginnt von neuem plastikpolitischer Streit.

Einige fühlen sich high wie unter Drogen,
andere um ihre Lebensqualität betrogen.

Den Plastikbechern ist der Streit egal,
sie stehen nach wie vor stolz im Joghurtregal
und wissen genau, dass die Menschen,
obwohl sie´s erkennen,
bei einem „weiter so" in ihr Verderben rennen.

Leben

Myriaden Moleküle schwirren im All.
Sie entstanden nach einem gewaltigen Knall,
als – sozusagen - das Nichts explodierte
und unendlich viele Quarks kreierte.
Kernteilchen begannen sich zu paaren
zu Wasserstoff, dem atomaren,
der geschmückt mit einem Elektron
den Startschuss gab zur chemischen Evolution.

Alsbald, so quasi ganz von allein,
entstand eine Ursuppe würzig und fein,
die mit Blitzen kräftig aufgeheizt
unter Hochdruck ward dermaßen gereizt,
dass Schwefel, Phosphor, Sauer-,
Wasser-und Kohlenstoff
vergaßen ihren alten Zoff,
vor Angst bemühten sich zu finden,
um sich organisch zu verbinden.

Mit Aminosäuren und Purinen,
Zuckern, Lipiden und Pyrimidinen
war es danach sonnenklar,
ab morgen gibt es Eiweiß und RNA.

Vor UV-Strahlen schützte Stratosphären-Ozon,
in der Suppe schwamm
ein erster Mikrosphären-Klon,
bis schließlich mit himmlischem Trara
eine erste Zelle sich teilte, Hurra!

Nachdem dies erstmal etabliert,
evoluierte das Leben, zwar kompliziert,
doch rasend schnell und kreativ,
wobei nicht alles glatt verlief,
zu immer neuen Lebensformen,
bis wir Menschen erfanden die Normen,

das Leben nach Regeln zu organisieren,
Dinge als gut oder schlecht zu typisieren,
uns mit Technik und Wohlstand zu umgeben,
kurz, in künstlicher Homöostase zu leben.

Doch eines wird der Mensch – Gott sei Dank –
nie erreichen,
den Naturgesetzen auch nur
einen Millimeter auszuweichen.

Gut so, denn ohne diese
würde es menschliches Leben,
d.h. uns, überhaupt gar nicht geben.

Wie sonst kann das unbegreiflich Wunderbare
immer wieder geschehen,
dass neues Leben begleitet von Wehen
zum Sonnenlicht strebt mit unbändiger Macht
und ein Feuer der Liebe und Fürsorge entfacht.

Licht der Welt

Wenn mit Mühe passiert der Geburtskanal,
und der Mensch zum allerersten Mal
das Licht der Welt erblickt,
ist er selten gleich entzückt.

Wo bin ich hier? Mir wird so kalt.
Es ist alles so riesig, wo find ich Halt?

Erst wenn er spürt die warme Brust,
vergisst er schnell den ersten Frust,
schmiegt sich an, fühlt sich geborgen
und schlummert seelig bis zum Morgen,
um dann mit Nachdruck zu signalisieren:
Jetzt bin ich da, jetzt muß was passieren.

Das Wunder

Habt ihr begriffen, was geschehen?
Könnt ihr das Glück schon recht verstehen?
Ich glaub, ihr braucht noch eine Weile,
zu sehr verstrickt sind alle Seile,
die Hoffnung, Angst, Dank und Freude
zu einem riesigen Gebäude
von dicht verwobenen Gedanken
,wie des Weinstocks feste Ranken,
vor dem Horizont errichten
und zu einen Blätterwald verdichten,
um das Licht der warmen Sonne
aufzunehmen und mit Wonne
zu Milch und Honig zu vergären,
und damit die Frucht zu nähren.

Sehet das Wunder täglich neu,

dass ein Teil von euch jetzt ohne Scheu

die Welt erlauscht, bestaunt,

schmeckt und begreift

und jeden Tag ein Stückchen reift,

wobei der stärkste seiner Triebe

sucht nach Geborgenheit und Liebe,

um mit seiner Welt nicht allein

sondern ganz dicht bei Euch zu sein.

Bethlehem

Es brennt ein Licht in jedem Stall,
denn Bethlehem ist überall,
wo als größtes Wunder dieser Erden
aus Liebe neue Menschen werden,
welche aus dunkler weiter Ferne
plötzlich leuchten wie die Sterne.

Alle schauen sie staunend an,
wenn gebrochen ist der Bann
des Hoffens und der Zuversicht,
bis das bedrohte kleine Licht
in Liebe geborgen und fürsorglich geführt
seinen Weg durch die Welt sicher erspürt.

Die Chance

Lange Zeit warst du verborgen
im Schutze deiner Mutter Sorgen.
Man wusste zwar, dass es dich gibt,
hat dich von Anfang an geliebt.
Jetzt aber, da du wirklich da,
wird wieder einmal offenbar,
wie einzigartig doch das Leben
durch unsere Eltern uns gegeben.
Wie unwahrscheinlich und doch hier
es ist, dass ausgerechnet wir
auf einem kleinen blauen Ball
im unendlich großen Weltenall,
geborgen im warmen Sonnenschein,
die Chance erhielten Mensch zu sein.

Du lieber Tom bist jetzt noch klein.

Wohlbehütet und geborgen

weißt du noch nichts von Stress und Sorgen.

Begleitet von deiner Mutter Herzschlag

wächst du heran Tag für Tag,

bis irgendwann du dich selbst entdeckst,

dir die Hände im Spiegel entgegen streckst,

bis allmählich dein Gehirn gereift,

und du selbst das Wunder begreifst,

dass auch dir die Chance gegeben –

auf dieser Welt als Mensch zu leben.

„Höher mein Gott zu Dir"

Es gibt auf der Welt kein einziges Tier,
das den Wunsch hat: "Höher mein Gott zu Dir".
Der Mensch, allerdings,
spielt mit dem Gedanken,
sich mit Dunkler Energie voll zu tanken,
um zu den Grenzen
des Universums vorzudringen,
natürlich wird das nie gelingen.
Als fast Nichts im riesigen Weltenall
versuchen wir zu entschlüsseln,
was seit dem Urknall
schließlich auch zu uns geführt,
war es Zufall oder programmiert?
Wir wissen`s nicht, wir wissen nur,
wir sind ein Baustein einer wunderbaren Natur
auf einem Blauen Planeten im riesigen All,
der einst entstanden und auf jeden Fall
irgendwann endet in Raum und Zeit
und keinesfalls taugt für die Ewigkeit.

Verwandte Lyrik:

Harald Rösner:

Vom Nichts zur Erkenntnis
Mystik und Gewissheit der Evolution

ISBN: 978-3-86937-321-8

MenschWerdung

ISBN: 978-3-7347-4343-6

Dimensionen
Vom Atom bis zu den Schwarzen Löchern

ISBN: 978-3-8423-5189-9